Roger Nzamba Mavioga

Sida Sorcier

Roger Nzamba Mavioga

Sida Sorcier

Éditions Muse

Cover image: www.ingimage.com

Publisher:
Éditions Muse
is a trademark of
International Book Market Service Ltd., member of OmniScriptum Publishing Group
17 Meldrum Street, Beau Bassin 71504, Mauritius
Printed at: see last page
ISBN: 978-620-2-29850-6

Tables des matières

Avant-Propos

Sida-Sorcier ou les malheurs de Ngondo est l'histoire d'une jeune fille exclue du système scolaire à 15 ans. Croyant aux attraits contingents de la ville, quitte son village pour la capitale du pays. Là-bas, ses espoirs sont desservis par un ensemble de faits : l'ignorance, la pauvreté, le désire de s'enrichir à tout prix, l'école de la rue et le VIH.

La présente nouvelle est un véritable film qui se déroule sous nos yeux, en nous présentant de manière prononcée ou évocatrice, les problèmes que vivent les populations de notre pays en général et les jeunes en particulier. Il appartient aux enseignants et aux apprenants à qui cette nouvelle est destinée en priorité, de s'en servir comme prétexte pour ouvrir le débat sur les problèmes tels que l'exode rural, la corruption, la pollution, la détérioration des valeurs, les grossesses précoces et les avortements provoqués, les Infections Transmissibles Sexuellement, VIH compris…. et d'en proposer des réponses adéquates.

Nous souhaitons que *Sida-sorcier ou les malheurs de Ngondo* suscite chez l'enseignant une pédagogie qui « *éveille, allume, enflamme et captive en même temps qu'elle met l'élève en action et en interaction avec son environnement. Une pratique pédagogique qui donne du sens aux savoirs* » et qui, rapproche l'école de la vie quotidienne.

En participant à l'élaboration des stratégies, à la formulation des solutions pour sortir des différentes situations problèmes qui pèsent sur les populations, les élèves - nous l'espérons- prendront conscience non seulement, des dangers qui les menacent aujourd'hui mais surtout, du rôle qui sera le leur demain dans le développement de notre pays. Ce sera l'enrichissement de leur propre curriculum.

Cette nouvelle est suivie d'une série d'informations notamment sur l'exode rural, la sexualité des jeunes, le VIH et Sida au Gabon… Ces notes ne constituent qu'une piste de recherche pour les enseignants et les élèves. Il leur revient d'approfondir et d'enrichir la documentation pour mieux analyser, comprendre les différents problèmes évoqués dans *Sida-sorcier ou les malheurs de Ngondo,* afin d'en tirer le meilleur parti en adoptant les attitudes et comportements responsables ou à moindre risque, face auxdits problèmes.

Nous formulons le vœu que *Sida-sorcier ou les malheurs de Ngondo* puisse être largement diffusé et soit un outil qui réponde efficacement aux attentes des différents acteurs de l'éducation.

L'auteur

Ngondo* était une jeune fille partit de sa ville natale Repos-Ville pour Libre-Vivre où elle pensait être libre et vivre des aventures dignes de leur nom et même faire fortune, à l'image de sa cousine Miang* rentrée de la ville avec tant de biens et d'argent.

Ngondo ne s'intéressait guère à la manière, elle ne se souciait pas non plus des moyens employés par sa cousine pour s'enrichir. Le gain, oui seul le gain compte et captive toutes les énergies. Voilà ce qui donna des ailes à Ngondo, ce matin du 12 mars d'une année passée, pour se lancer à l'aventure.

I. LE GRAND DÉPART : DESTINATION INCERTAINE

La veille, elle fit son sac qui ne contenait juste que quelques effets personnels. Sa mère avait préparé quelques régimes de bananes et du manioc. Toute cette nourriture était destinée à sa fille aînée qui vivait à Libre-Vivre depuis plusieurs années. Déjà

Très tôt, le jour du départ, son père lui avait prodigué des conseils : « Ma fille, disait-il, sois sage à Libre-Vivre. Obéis à ta sœur et à ton beau-frère. Sache que tu es désormais sous leur tutelle. »

Poursuivant ses conseils le Père de Ngondo ajouta :

« N'oublie jamais de te rendre à la messe à l'église Sainte Vierge des cierges. Tu retrouveras certainement le père Conseiller. C'est lui qui t'avait baptisée alors que tu n'avais que deux ans. Pour terminer il demanda à sa fille d'être honnête, de faire comme les autres filles qui rentrent avec des paniers bien remplis. Donne-nous des nouvelles très souvent.

De son côté, sa mère se plaignait de la perte d'une précieuse aide. En effet, Ngondo remplissait certaines tâches domestiques comme aller chercher l'eau à la source ou ramasser du bois dans la forêt proche de la maison. Elle ne cacha pas ses regrets quand elle déclara :

« Ah Ngondo, comment vais-je faire toute seule maintenant que tu pars chez ta sœur. Il y a les travaux des champs, la corvée d'eau à la source… Comme tu me soulageais au moment où le poids de l'âge se fait de plus en plus sentir »

Écoutait-elle ses conseils et ces jérémiades ? Elle semblait concentrée et pourtant plusieurs idées lui traversaient l'esprit. Combien de temps prendra le voyage ? Dans quel quartier habiterait-elle à Libre-Vivre ? Comment va-t-elle vivre les retrouvailles avec sa sœur et ses amies parties avant elle ? Et les nouvelles relations qu'elle tissera…

Le bruit du moteur vint interrompre sa rêverie. Le chauffeur de la Compagnie Nationale de Transport (CNT) klaxonna comme pour confirmer le départ. Il était fidèle comme la mort, à son rendez-vous avec la petite fille. Sans tarder, celle-ci sortit ses bagages, fit ses adieux à ses parents et s'embarqua pour un long voyage.

Des larmes étaient visibles presque sur les visages de toutes les femmes rassemblées pour ce départ.

Le car démarra. Il disparut rapidement derrière un nuage de poussière. L'attroupement qui s'était formé instantanément se dissipa.

Le voyage se passa sans aucun problème majeur. Les nombreux contrôles de la Gendarmerie Nationale, semblaient exaspérer les voyageurs qui râlaient à chaque coup de sifflet ou à la vue d'une barrière dressée par les agents de ce corps et pourtant respecté de la population.

Pour les voyageurs, le gain de temps était la priorité du moment. Et arriver à Libre-Vivre leur unique préoccupation, surtout pour Ngondo qui faisait pour la première fois ce voyage.

Après avoir traversé le cinquième poste de contrôle, Ngondo voulut comprendre le sens de tous ces contrôles. Aussi posa-t-elle la question à un jeune homme du nom Ewélè* :

« Que cherchent-ils au juste ? » parlant des gendarmes.

« Certainement les documents afférents à la conduite du car. Mais aussi les papiers des passagers. » Répondit Ewélè d'un air ironique.

« Mais pourquoi le chauffeur doit-il toujours descendre, disparaitre de la vue des passagers et aller voir le chef qui reste en retrait ? »

« C'est une stratégie pour aller vite… » Répondit laconiquement Ewélè.

« Aller vite, alors que manifestement on perd du temps ? » interrogea Ngondo étonnée.

« Oui, ils doivent « garnir les casseroles » des chefs, s'ils veulent passer sans perdre du temps. Tu sais, souvent les chauffeurs ne sont pas en règle ; défaut de papiers, surcharge, alors… » Lisant l'étonnement sur le visage de la jeune fille, il poursuivit :

« C'est que les faibles soldes – du moins c'est ce qu'on dit- conjuguées à un niveau de vie très élevé dans le pays, les amènent à arrondir les fin des mois en rackettant les routiers de cette façon. Ceux-ci donnent en général mille ou mille cinq cent francs, à chaque poste.

« Il faut dire qu'avec toute cette circulation, ils ont de quoi faire leur popote même en milieu du mois. »

« Je comprends maintenant ce que viennent faire les casseroles des chefs ici. »

« Il faut aussi dire qu'avec tous ces postes de contrôle traversés et certainement à traverser encore, les routiers ont une bonne petite fortune à perdre entre Repos-Ville et Libre-Vivre. »

« Mademoiselle, lui dit Ewélè, dans tous les cas, ce sont les clients qui remboursent. »

« Et les routiers ne se plaignent –ils pas auprès des juges ? Sans doute, leurs homologues de la capitale, notamment les taximen ont un meilleur joug, moins lourd ? »

« Détrompes-toi. Sur les routes de la République, les pratiques sont les mêmes quel que soit le secteur, en ville ou à la campagne et quel que soit le corps habillé en présence. Et qui oserait se plaindre ? Même le procureur de la République en est parfois victime de ces pratiques. Les choses sont bien organisées ainsi pour eux. »

Le voyage se poursuivit sur plusieurs kilomètres, franchissant certains départements des différentes provinces parcourues par le car. Le paysage variait selon les régions traversées. Tantôt, c'était une zone de savane, tantôt c'était une zone forestière. Chacune d'elle présentait sa flore et même sa faune. Ngondo eut l'occasion de voir des buffles s'éloigner à l'approche du car, des singes voltiger dans la cime des arbres et des oiseaux aux milles couleurs voler au-devant du car.

À la vue du huitième poste de contrôle, le chauffeur ralentit, donnant l'impression de s'arrêter. Seul un fût placé sur la ligne centrale de la route constituait la barrière. Celle-ci était précédée dans les deux sens et à un jet de pierre, d'un panneau sur lequel était portée cette inscription *« Contrôle de Gendarmerie.»* Au moment où le véhicule s'approchait du fût, un gendarme sortit nonchalamment d'un abri de fortune, affichant un air sérieux. Le chauffeur évaluant le retard de l'agent réalisa qu'il pouvait continuer sa route sans s'arrêter, ce qu'il fit, à la grande joie de certains passagers.

Des coups de sifflet se firent entendre, sans produire l'effet attendu. Le chauffeur fit l'indifférent. Il fit comme s'il n'avait rien entendu, ni rien vu. Les passagers se mirent à rire aux éclats. Certains félicitèrent même le chauffeur pour sa témérité. D'autres se moquèrent de l'agent, qui essayait de relever le numéro de la plaque minéralogique du car. Cela fit naitre une crainte dans le cœur de Ngondo. Pour en avoir le cœur net, elle posa à Ewélè cette question :

« Que va faire le chauffeur si les gendarmes nous poursuivent ? »

« Avec quels moyens le feraient-ils ? Déjà pour arriver ce matin ici, ils ont dû emprunter les clandos* qu'ils combattent à longueur de journées. Pour rentrer le soir, ils comptent toujours sur la bonté des routiers. Tu vois bien qu'on n'a rien à craindre de ce côté-là. »

« Mais ils peuvent communiquer le numéro d'immatriculation du car à leurs collègues qui nous interpelleraient. Alors notre sort sera plus grave.» dit Ngondo inquiète.

« Ngondo, penses-tu qu'ils ont les moyens techniques pour réaliser cet exploit en pleine campagne ? »

« Comment ça les moyens techniques ? répliqua Ngondo. L'an dernier, poursuivit-elle, nous avons vu à la télévision nationale lors des manœuvres militaires Falla-Gabon, nos soldats communiquer entre eux, au moyen des talkies walkies. Alors…»

Ewélè jouait au savant et cherchait à montrer qu'il avait la maitrise des questions touchant aux relations internationales et à la vie politique de son pays. Aussi dit-il :

« Ngondo, ne soit pas candide jusqu'à ce point. Tu dis bien *manœuvres militaires Fallo-Gabonaise.* Tu devrais comprendre que justement le soi-disant partenaire qui sponsorise toutes ces opérations. En dehors des actions de façade du genre, as-tu déjà vu les gendarmes avec ces outils en temps normal ? »

C'est ainsi, qu'ils abordèrent encore d'autres sujets importants à leurs yeux, notamment la dévaluation du franc CFA et sa disparition éventuelle, la toxicomanie et l'alcoolisme des jeunes, les grossesses précoces, le braconnage… Les deux passagers ne s'ennuyèrent point pendant le voyage.

Ewélè était heureux d'avoir trouvé des oreilles crédules pour l'écouter tout au long du voyage. Ngondo par contre, était ravie et impressionnée par les connaissances de ce jeune homme à l'allure pourtant ordinaire. Sa curiosité était satisfaite sur les différents problèmes soulevés. Cependant, une et une seule demeurait un mystère. C'est qu'Ewélè portait un tee-shirt qui arborait une capote accompagnée de cette inscription : *Shita* : Faites de la capote votre pote*. Ngondo aurait bien voulu demander à Ewélè comment peut-on porter de tels dessin et inscription sur soi. Que voulait dire Shita ? Était-ce une personne ou un mot en anglais ? Mais son éducation et de sa religion lui interdisaient de parler des questions touchant au sexe, surtout avec une personne qu'elle connaissait à peine. Aussi laissa-t-elle tomber la question en s'efforçant de l'étouffer jusqu'à l'arrivée à Libre-Vivre.

Le car arriva après sept heures environ de route, à la tombée de la nuit. Le véhicule prit la direction de la gare routière. Le chauffeur déposa les clients qui connaissaient la ville. Ils pouvaient rentrer chez eux en taxi, sans problème. Ceux qui avaient plus de bagages obtinrent une faveur du chauffeur pour être laissés à domicile. Ngondo faisait partie de ce groupe. Non seulement, elle avait beaucoup de bagages, mais en plus, elle ne connaissait pas l'adresse du domicile de son beau-frère.

Le tour de Ngondo arriva. Le car s'enfonça dans une ruelle d'un quartier périphérique. Celui-ci était relativement éloigné du centre-ville. Les eaux usées coulaient de partout. Plusieurs flaques jalonnaient la voie les conduisant vers le nouveau domicile de Ngondo. Des ordures de toute sorte jonchaient les abords de la ruelle. Le quartier offrait un triste panorama de taudis pour la plupart construits en matériaux de récupération. Ngondo comprit qu'elle n'habiterait pas un palace. Enfin, le car s'immobilisa devant un bistro qui diffusait des rythmes chauds à rompre les tympans. Ngondo pensa naturellement à la propreté de Repos-ville et au calme, surtout à la nuit tombante. Sa rêverie fut interrompue par des « *samba !!, samba !! Làààà Ngonduèèè* ! ! !» que lancèrent sa sœur aînée et les autres membres de la famille. Ils étaient heureux de l'accueillir parmi eux.

Le chauffeur fit descendre les bagages de Ngondo. Payé sur place, il s'en alla. Ngondo fut conduite à la maison. Elle prit place sur une vieille rocking chair achetée aux américains de la mission chrétienne de Nyali, par son beau-frère. La chaleur de la pièce était soulagée par un grand ventilateur qui oscillait et arrosait toute la pièce. Les conditions semblaient réunies pour le rituel machinal relatif à l'échange des nouvelles.

Celles du village étaient les plus importantes, à l'image de la considération toujours accordée au visiteur. *En principe, comme un journaliste choisit les faits à communiquer à son auditoire, Ngondo aurait dû donner spontanément les nouvelles de derniers mois, surtout, celles qui font l'actualité, le buzz à Repos-Ville. Par exemple, le saccage des champs de bananiers par les éléphants, dévastation dont les repos-villois rendent responsable la loi inédite qui protège les animaux au détriment des humains. Cette loi a des conséquences incalculables d'après les villageois. Devaient figurer aussi, la santé vacillante et préoccupante des vieux du clan, et toute autre affaire qu'elle jugeait nécessaire à faire connaitre. Dans ce journal, devait paraitre également le film du voyage, de son départ à son arrivée. Ngondo devait faire connaitre les tracasseries policières, les accidents évités, les personnes rencontrées à l'image d'Ewélè et leur contribution à rendre le voyage convivial ou difficile. Ngondo n'ayant pas la* *maitrise de cet exercice oratoire, s*a sœur dût procéder par le jeu de questions – réponses pour surmonter l'obstacle.

« Comment vont les parents… ?

« Les parents vont bien. Sauf le vieux Foumbi* embêté par ses rhumatismes chroniques »

«Est-ce que papa reçu les médicaments que Mangolu* lui avait envoyés ? »

« Il me semble. L'autre jour, la chef du quartier avait dit que papa avait un petit coli. Je suppose qu'il s'agissait des médicaments. »

« Et le champ de bananiers que les éléphants ont saccagé ? » C'est Misamu, le fils de Ngoma qui l'avait dit récemment.

«La situation est très gave cette année, dans la mesure où les pachydermes s'approchent même des habitations. Et de surcroit, les chasseurs ne peuvent absolument rien faire. Les Eco-gardes s'opposent à la chasse aux éléphants. Il parait qu'il y a une loi qui condamne la chasse et la capture de ses animaux »

« Mais pourquoi ? » Interrompit la sœur de Ngondo.

« Pour évite leur disparition. Les hommes peuvent disparaitre» ironisa-t-elle

« Qu'est-ce que les gens vont faire maintenant, que vont-ils manger dans ces conditions? »

À toutes ces questions, Ngondo répondit tant bien mal. Parfois ses réponses étaient vagues, parfois précises et même détaillées.»

À son tour, Ngondo se devait d'entendre les nouvelles de la « ville.» Sa sœur lui déroula une série d'informations durant trente minutes environ. Pour faire le tour complet de ces nouvelles, Ngondo pose elle aussi quelques questions pour avoir les nouvelles de ses amies qui vivaient à Libre-Vivre. « Où vit Endenda mon amie ? Son quartier est-il loin du notre ? »

« Vraiment pas loin. À quelques vingt minutes de marche... En taxi tu ne paies que cent francs pour le parcourt. Mais malgré cet avantage, elle ne vient pas ici. D'ailleurs on ne se voit pas souvent. Mais comme tu es là, elle passera maintenant. Je suppose. »

« Et comment va Ontémou* ?

Elle va bien. Mais son enfant est souvent malade. Il parait que ce sont les sorciers qui veulent le « manger. On dit même que son oncle serait derrière tout ça…»

Endenda et Ontémou étaient toutes ses condisciples au collège de Repos-ville où elles n'avaient pas fait long feu. Attirées par la vie facile, la plupart avaient abandonné les études pour causes de grossesses précoces et pour travail insuffisant dû au manque d'intérêt pour leurs études.

II. UN NOUVEAU MILIEU, UNE NOUVELLE VIE

Le temps passa vite à Libre-vivre et Ngondo, aidée d'Ontémou et d'Endenda devint une Libre-vivroise accomplie.

La misère des matitis* battait son plein. Ngondo la vivait pleinement. Elle ne mangeait que deux fois par jour : d'abord le petit déjeuner qu'on appelle là-bas « café misère », fait d'une eau chaude sucrée, dans laquelle on trempe du pain enduit de margarine. Ensuite, le repas du soir essentiellement fait de manioc ou d'igname et surtout du riz arrosé d'une sauce rouge.

Souvent, elle rentrait en elle-même et pensait « combien de personnes chez mon père ont des vivres en abondance, et moi ici, je meurs de faim… » Mais comment repartir à Repos-ville, les mains vides ? N'avait-elle pas l'ambition de repartir riche comme sa cousine Miang, dont on parle en bien au village ?

Pour vaincre cette misère, Ngondo décida de se débrouiller comme les autres filles. Elle se lança dans la recherche d'un boulot. Elle le trouva dans une boite de nuit *Au partage de la vie.* Elle travaillerait comme serveuse dans cette boite fréquentée par plusieurs personnes d'horizons divers, les *mondains* comme on dit…

Les débuts ne furent pas faciles. Mais Ngondo apprit et s'adapta très vite. Tout semblait lui réussir.

Le patron de la boite de nuit remarqua l'augmentation des recettes. En effet, les clients tournaient autour de Ngondo et rivalisaient de commandes pour eux-mêmes et de pourboire pour Ngondo. Il était important pour eux d'impressionner cette jeune fille de dix-sept ans, à la beauté angélique. Les fins de semaine, surtout les fins du mois, elle pouvait se faire une cagnotte de quatre-vingt à cent mille francs de pourboire. Ses succès rapides poussèrent les autres à lui demander d'exploiter au mieux son étoile.

« Ne joue pas longtemps à la difficile avec les dragueurs, les bons samaritains » lui dit Endenda.

Ontémou ajouta :

« Tu pourrais te retrouver sans dragueurs. Surtout, ceux qui ne savent pas compter. Ce sont les meilleurs pour moi.»

Ngondo se demandait que faire. Se donner aux premiers venus ? Elle hésitait. Mais les paroles d'une chanson populaire lui revenaient à l'esprit : *« on ne vit qu'une seule fois, il faut donc profiter de la vie, ainsi va la vie... »* Le mot profit raisonnait dans sa tête matin et soir, surtout quand les dragueurs l'invitaient à une danse… Aussi prit-elle sa décision.

Son cœur ou plutôt son porte-monnaie battait pour un jeune homme qui travaillait dans le secteur pétrolier et qui venait de temps en temps s'évader et dépenser une partie de ses gains *Au Partage de la vie.*

Un soir, Ngondo prit rendez-vous avec ce jeune homme au nom d'Ibinda*. Ce fut le départ d'une relation d'amour – intérêt. En effet, Ibinda aimait follement Ngondo et celle-ci aimait plutôt le portefeuille d'Ibinda.

Quelques mois plus tard, au bout de cette relation, Ngondo tomba enceinte. Elle se confia à Endenda en disant :

« Ma sœur dit-elle, j'ai un retard. Ca fait plus de deux semaines que j'attends. .. Que faire ? »

« Tu fais bien de poser la question. Tu ne peux pas garder cet enfant, sinon tu perds ta jolie poitrine et tu perds aussi ton job. Tu as encore du monde à charmer. »

« Tu sais la pilule existe pour ça » dit Endenda pour la chahuter.

Ngondo ne supporta pas cette blague remplie de sarcasme et l'interrompit énergiquement en disant :

« Ne fais pas le médecin après la mort. Tu l'aurais dit plus tôt… »Confuse, mais plus conciliante, Endenda reprit la parole :

« Ne te fâche pas, j'ai dit ça pour plaisanter. Je ne voulais pas étaler ton ignorance. Moi, je connais une femme qui vit à Kinguélé, elle pourra t'aider à te débarrasser de cet enfant non désiré. A la seule condition banquer. »

« Ne peut-on pas le faire dans une clinique ? » demanda Ngondo inquiète.

« Là-bas, on te demandera beaucoup d'argent pour rien. Et en plus tu seras fichée. Personnellement, je n'aime pas ce milieu. Dans tous les cas, c'est toi qui décide. » Voyant ainsi Ngondo perplexe, Endenda changea de sujet.

« Dis-moi, et ton gars est-il au courant du fruit de ses performances? « Surtout pas ça. Il m'empêcherait d'avorter. Tu sais, il tient beaucoup à avoir un enfant de moi. »

Quelques semaines s'écoulèrent, le temps de prendre un rendez-vous avec la dame dont parlait Endenda. Elle passait le clair de son temps hors de la ville pour ses travaux champêtres. Les deux filles se rendirent donc quelques temps après à Kinguélé. Au moment où elles dévalaient la pente, elles furent accueillies par madame Bingoulou.

« Samba !! Samba !! » fit-elle entendre à la vue d'Endenda, une habituée des lieux, quel bon vent ? »

« Je te présente ma sœur Ngondo, elle vient de Repos-ville. Tu dois sans doute imaginer l'objet de notre visite ici ? »

«Bien sur ma fille. Elle a combien de mois ? » Demanda madame Bingoulou intéressée.

« A peine deux mois » répondit Ngondo.

« A-t-elle de l'argent ? Je ne travaille que s'il y a le sou, tu le sais…hein Endenda ? »

« Pour ça, il ne faut pas vous faire du souci, pourvu que ça marche. » Dit Ngondo.

« Ça marche toujours, n'est-ce pas ma fille ? » se tournant vers Endenda.

« Alors, le traitement combien faudra-t-il payer ? »

« Comme tu es la sœur d'Endenda, ça fera trente mille francs. D'ordinaire c'est cinquante mille pour deux mois de grossesse. La soixantaine de mille pour trois, etc. »

Ngondo sortit de son portefeuille trois billets de dix mille francs. Ce qui correspondait à le somme demandée. Elle donna l'argent à Mme Bingoulou, qui leur dit :

« Merci mes filles. Passez demain prendre le traitement »

Cette nuit-là, Ngondo ne dormit presque pas. Des scènes et des histoires des filles transportées d'urgences à l'hôpital et même mortes à la suite d'un avortement provoqué et clandestin lui revenaient à l'esprit. Mais elle se consolait en se disant que ces filles n'avaient pas eu de chance. Pour ce qui la concerne, les choses se passeront bien, très bien même. De plus Dieu était avec elle, se persuadait-elle.

Comme conclu, les deux jeunes femmes se rendirent à nouveau chez madame Bingoulou récupérer le produit abortif. Avant de les laisser partir, la femme leur donna des indications nécessaires et utiles pour le traitement.

« Les produits que je donne doivent être pris en deux phases. D'abord, tu dois mettre l'ovule en bas, dans le vagin. Il ne faut pas le manger. Je ne veux pas avoir des ennuis. Endenda devrait te guider…

« Ensuite, très tôt le matin tu feras le lavement avec la décoction obtenue des écorces d'arbres de chez nous. Quelques temps après ça passera. »

« Et si le fœtus ne sort pas ? » Demanda courageusement Ngondo incrédule.

« Tu reviens. Par ailleurs, même si tu as mal, ne prend pas vos produits des blancs, les antibiotiques ou quoi… Mes médicaments ne sont pas une maladie. De toutes les façons ça marchera. » Conclue-t-elle.

Endenda et Ngondo s'en allèrent. Celle-ci était craintive tout de même. Mais quand le vin est tiré, il faut le boire. C'est ainsi que Ngondo décida de passer le week-end chez Endenda, de telle sorte que personne d'autre ne soit informée de son acte, surtout sa sœur ainée. Cette dernière, pensait qu'une fille de l'âge de Ngondo devait avoir au moins un enfant. Elle était même prête à s'en occuper comme le fait la grande sœur d'Ontemou. Les enfants étaient une garantie vivante pour les vieux jours des parents avait-elle l'habitude de dire.

Chez Endenda, les filles suivirent scrupuleusement les instructions de Madame Bingoulou. Elles placèrent l'ovule à la taille d'une noix de palme dans le sexe de Ngondo. Ce fut à dix-neuf heures. Une autre nuit sans sommeil commença pour Ngondo. Vers minuit, Ngondo eut effectivement des douleurs au bas ventre. Elle se demandait s'il ne fallait pas aller à l'hôpital pendant qu'il était encore temps. Mais comment le faire quand les instructions de dame Bingoulou étaient formelles ? Elle n'avait donc pas de choix. Elle subirait la douleur jusqu'à ce qu'à la délivrance dans les meilleurs des cas, sinon, jusqu'à la survenue de la mort.

C'est bien plus tard, vers dix heures du matin que le fœtus sorti après le lavement matinal recommandé par Madame Bingoulou. Ce fut un soulagement et pour Endenda qui avait organisé toute cette affaire, et pour Ngondo la principale concernée.

« Tu avais peur pour rien, n'est-ce pas ? » fit remarquer Endenda.

« Tu vois dans ce genre de pratique l'issue n'est toujours pas connue d'avance. Donc on a toujours un peu peur on ne sait jamais. » Reconnut Ngondo.

« Il faut maintenant te mettre sous pilule, ou exiger l'usage d'une capote à chaque rapport sexuel. Cela t'éviterait ce stress. Il ne faut pas tomber dans le même piège que moi. Tu cours le risque d'être stérile si tu pratiques trop d'avortements à ton âge, et surtout dans les conditions non recommandées. »

« Je suis d'accord, tu me présenteras au docteur Gentil, pour qu'il me prescrive une pilule. Je la prendrai sans qu'Ibinda ne soit au courant. Ainsi, il n'y aura pas de doute sur sa supposée stérilité. Tandis que si je lui exige un préservatif, il comprendra que je ne veux pas lui donner un enfant. »

Ah, si Ngondo savait que le condom avait une double vertu certaine : éviter les grossesses et les infections sexuellement transmissibles…

Les activités reprirent à Libre-Vivre comme si rien ne s'était passé dans la vie de Ngondo. Elle continua à revoir Ibinda, mais sous pilule ; jusqu'au jour où ce dernier apprit que Ngondo l'avait trahi. Cet enfant devrait être son premier né. Il était considéré dans la ville comme stérile… Or la stérilité d'un homme est toujours très mal vécue, dans cette partie du pays. Un homme stérile c'est inimaginable. C'est dire, tout le poids que portait Ibinda. Il décida de rompre sans ménagement avec Ngondo.

Mais pour Ngondo, la vie ne s'arrêtait pas pour autant. Elle continua son travail à la boîte de nuit, où la clientèle ne manquait pas, les dragueurs non plus. Ce qui l'accommodait d'ailleurs. Pour se venger d'Ibinda, Ngondo décida de s'ouvrir à Ibessi. L'heureux élu était un jeune homme aux cheveux ondulés à l'image de certains artistes du pays. Ce dernier venait très souvent *Au partage de la vie.* Il dépensait son argent sans compter, pour satisfaire sa compagnie.

Ngondo se préparait chaque soir de façon particulière. Son travail le lui imposait. Elle se pomponnait et portait ses plus belles tenues, notamment ses robes moulantes rouge vif Au décolleté très échancré.

La soirée de travail commençait sans problème. Plusieurs sentiments se mêlaient dans l'esprit de Ngondo.

D'abord, la crainte de ne plus revoir ce jeune homme qu'elle venait d'élire dans son cœur, mais qu'elle avait souvent repoussé pour éviter une collision avec Ibinda. Pour Ngondo, perdre Ibessi, c'était voir ses rêves s'envoler en fumée, ce qui l'obligerait à faire contre bon cœur mauvaise fortune avec un autre prétendant.

Ensuite, l'espoir de voir arriver l'élu de son cœur venir tourner autour d'elle et lancer son habituel je t'aime mademoiselle qu'elle accueillerait cette fois-ci avec un large sourire et un grand merci monsieur.

Mais qui était en réalité ce jeune homme qui faisait trembler et craquer le cœur de Ngondo ? Son nom était bien connu des grands milieux de la ville. Il était respecté de tous ses copains à cause de son train de vie et de sa générosité légendaire. Souvent, contre toute attente il disait :

« Je paye la tournée générale à vous tous » ce qui suscitait des acclamations et des bravos des bénéficiaires.

Ibessi était ce jeune homme qui avait hérité de ces parents de grosses affaires. De surcroit, il était directeur général au Ministère de la dépense Nationale. Il avait donc les moyens de sa politique, comme il le disait lui-même.

Lors de ses voyages hors du pays, il avait eu l'occasion de faire le test du VIH. Nombreux sont ceux qui préfèrent le faire loin de chez eux, pour être ni vu, ni connu. C'est le cas d'Ibessi. Son test de dépistage s'était révélé positif. Depuis là, il avait pris le soin et l'engagement diabolique de profiter de la vie avec n'importe qui, tout en gardant le secret.

Pourquoi être honnête vis-à-vis des autres lorsqu'ils ne l'ont pas été avec moi, s'interrogeait-il ? Ainsi raisonnait-il souvent. Si Ngondo savait !!! Comme les apparences sont trompeuses.

Ils filèrent le parfait amour, du moins en apparence pendant longtemps. Ibessi proposa le mariage à Ngondo qui trouva l'idée lumineuse. Des dates furent fixées. Le mariage traditionnel se fera à Repos-ville dans le village de Ngondo. Et le civil à Libre-Vivre. Ibessi affichait un bonheur indescriptible. Nul, se disait-il ne se doutera de rien lorsqu'il mettra son plan en exécution.

En effet, rien ne laissait entrevoir qu'il était séropositif et présager qu'il méditait un plan macabre. Argent, (amants, sigisbées), etc. ne lui manquaient. Cependant, il savait que tôt ou tard sa séropositivité pourrait être connue de tous. C'était cela son problème. Et pour éviter les regards qu'il imaginait accusateurs, il décida de se donner la mort. Il pensa à la masquer par un accident d'électrocution dans sa chambre à coucher. Ainsi, son honneur serait sauf.

En quoi serait –il coupable ? Pour avoir contracté le VIH un jour ? Ou bien pour avoir contaminé plusieurs femmes, alors qu'il avait connaissance de sa séropositivité ?

Ibissi mit son plan en exécution à la sortie d'une soirée « bien remplie ». Il avait laissé un chèque de 2 millions de francs au nom de Ngondo sa fiancée, avec cette inscription au dos *pour ton cercueil.* Bizarre bizarre ! ! ! Ngondo ne comprit pas cette énigme. Elle fit plusieurs sombres suppositions. Elle pensa au pacte secret qu'elle avait fait avec lui et qui mentionnait cette clause *jusqu'à la mort.* Pour se libérer l'esprit, elle s'efforça de passer l'éponge sur la question en espérant une nouvelle orientation de sa vie.

Pendant cette période de deuil, elle fut soutenue par ses amies de Libre –Vivre. Ce qui rendit le poids du malheur supportable.

Le temps s'écoula à Libre-Vivre et Ngondo ne se doutait absolument de rien. Le cours normal de la vie reprenait ses couleurs. Et pourtant, elle vivait sa période de latence. En effet, elle hébergeait un drôle d'hôte invisible : le VIH qui menait son travail de sape dans son corps. La face « pire » de sa relation avec amoureuse avec Ibessi commençait sans ce dernier. Le meilleur étant parti avec lui outre-tombe.

Sur le corps de la jeune fille, des signes discrets comme le gonflement des ganglions aux aisselles étaient visibles. Mais elle arrivait à les cacher à ses amies. Parfois, des fièvres prolongées la secouaient des semaines durant. Cette nouvelle donne non seulement désorganisait sa vie professionnelle et mais aussi son charme prenait un coup avec la conséquence d'éloigner les potentiels prétendants. Petit à petit, la gloire de Ngondo perdait son éclat. Elle était en train de faner comme une rose après le passage du soleil.

Cette situation inquiétait non seulement Ngondo elle-même, mais aussi les parents de la jeune fille. Ces derniers pensaient qu'un mauvais sort lui avait été lancé. Ils décidèrent donc de chercher l'origine de ce désastre auprès des nganga qui pullulent dans la région.

On fit appel à l'oncle de Ngondo qui vivait dans les chantiers forestiers proches de Libre-Vivre. Celui-ci arriva, accompagné d'un nganga reputé « *mane- mane** » dans la région.

Ce dernier proposa la tenue d'une veillée de délivrance. Car pensait-il, un tel cas, ne pouvait provenir que des sorciers. Il fallait donc réagir proportionnellement à la puissance sorcière.

Pour ce faire, en en guise de consultation, vous devez donner deux cabris blancs ou deux moutons de même couleur. Il demanda également vingt litres de vin rouge pour la libation. Ne manquait dans cette liste que l'argent.

Le nganga précisa que vous saurez vous-même ce que vous payerez au regard des résultats de la consultation. De toutes les façons vous ne serez pas déçus. Pour les frais de prestation nous verrons plus tard, les rassura-t-il. Jamais un nganga n'a avoué son impuissance dans une telle situation. Il pressa l'oncle de Ngondo à mettre à sa disposition les effets de la liste pour qu'il se mette au travail.

« La situation urge, nous n'avons plus de temps à perdre. » Il fallait donc réagir immédiatement.

La date fut choisie. Le dernier samedi du mois de mai de cette année-là. Les invitations furent envoyées. De bouche à oreille, toute la communauté repo-villoise fut saisie de l'événement.

Le jour « J » venu, la nuit tombée et vers vingt heures et trente minutes, les rythmes endiablés, venant de la cérémonie rivalisaient avec la musique des bistros alentours. Les chants orientaient certains retardataires qui ne connaissaient pas avec précision la maison de Mangolu, le beau-frère de Ngondo, chez qui opérait le nganga.

Le feu de bois allumé à l'occasion, éclairait les visages des participants. C'était une soirée de retrouvailles des fils et des filles de Repos-ville et de sa région.

Le nganga couvert de kaolin rouge et blanc, portait des pagnes aux mêmes couleurs. Des fibres de jeunes pousses de palmiers et de jonques étaient accrochées à son cou et attachées autour des reins, lui donnaient une allure d'un mystique redoutable.

Il tournait, virevoltait autour du feu, prononçait des incantations à peine audibles du grand public. Toutes les paroles semblaient être importantes pour les non-initiés qui, les buvaient comme des bébés boivent du lait maternel. La cérémonie fut de temps en temps interrompue pour partager le vin de palme et le jus de canne fermenté par le wali, le « bois amer ». Le nganga croquait de temps en temps des tranches de noix de cola. Cet ingrédient participait-il au cérémonial mystique ou gardait –il éveillé simplement l'homme ? La soirée au dire de plusieurs participants serait une réussite, car ce nganga avait une bonne réputation dans toute la région.

Puis vint, au petit matin le moment où le nganga devait dire à l'assistance l'origine du mal de Ngondo.

Dans un silence de cimetière, le Nganga prit la parole et dit :

« Dans la famille, il y a des jaloux. Ils sont jaloux de l'étoile de Ngondo. Heureusement la famille s'est levée très tôt. »

« D'accord, Mais ne reste pas vague. Dis-nous, qui sont ces jaloux pour qu'on en finisse…» ménaça l'oncle de Ngondo.

Le soleil était en train de poindre à l'horizon. Bientôt il fera grand jour. Alors le nganga fit encore quelques incantations. Reprenant la parole le nganga il lança ce défi à la famille :

« Vous avez voulu la transparence, alors vous serez servis. Il faut être capable de gérer les conséquences. »

« C'est une femme assez grande qui n'a pas eu des enfants. C'est bien un membre de votre famille n'est-ce pas ? »

A cette description et pourtant sommaire, toutes les pensées se tournèrent vers Dja-Ngane, la tante de Ngondo qui n'avait pas eu justement des enfants. Si elle était présente je vous l'aurai présentée, » ajouta le nganga.

Une clameur s'éleva dans le ciel en signe condamnation de cette vielle femme que certains ne connaissaient pas.

L'oncle de Ngondo prit la parole en dernier pour remercier tous ceux qui avaient fit le déplacement pour les assister. Il proposa un conseil de famille dans les meilleurs délais, pour donner suite à cette cérémonie.

Les uns et les autres quittèrent les lieux par petit groupe. Bientôt la nouvelle se propagea dans tous les coins et recoins de la ville et même vers Repos-ville.

Parmi tous ceux qui avaient pris part à cette veillée, il y avait Endenda. Celle-ci ne croyait pas à toute l'histoire du nganga. Elle se proposa de conduire Ngondo voir un médecin ami.

Elles partirent donc au jour indiqué, à la clinique « Sauve qui peut » du Dr. Gentil. Celui-ci les reçut avec empressement.

« Qu'est ce qui me vaut cette visite Endenda ? »

« C'est que ma sœur que voici est constamment malade. Elle dépérit comme tu peux le constater. Elle traîne un palu des semaines durant. Le problème c'est que ça va, ça revient… J'ai pensé que tu pourrais nous aider docteur. »

Le docteur posa quelques questions supplémentaires, pour mieux comprendre ce qui se passait. Ensuite, il dit :

« L'infirmière va faire des prélèvements. Nous saurons par la suite l'origine du mal, je l'espère. »

Avant de quitter le docteur Gentil, les jeunes femmes reçurent non seulement une ordonnance comme c'est la coutume dans nos établissements hospitaliers de la République, mais aussi quelques produits pharmaceutiques.

III. LA CHUTE LIBRE

Deux jours plus tard, l'oncle de Ngondo vint la prendre, pour l'emmener dans le village où vivait le nganga. Ce village était à une cinquantaine de kilomètres de Libre-vivre. Cette « évacuation » loin de la ville et du Dr. Gentil embarrassa Endenda. Mais que pouvait –elle faire face à un oncle décidé ? Aussi fut-elle découragée de répartir chercher les résultats d'analyses médicales chez le docteur Gentil. Dans cet exil, le temps passa lentement pour Ngondo. Son état se dégradait chaque jour davantage. Elle se sentait fatiguée, maigrissait et même des éruptions cutanées surgissaient sur sa peau. Elle décida d'écrire à Endenda pour lui faire part de nouvelles qu'elle jugeait mauvaises.

Chère Endenda bonjour,

Voilà quelques mois que je suis ici au village. Je ne comprends plus ce qui m'arrive. Chaque jour qui passe, augmente mon inquiétude, mon angoisse même.

J'ai l'impression que tous les médicaments que le nganga me donne apportent un problème nouveau.

D'abord quelques temps après mon arrivée, ma peau a réagi sans doute à l'eau du marigot que j'utilise pour me laver. Cette réaction s'est traduite par une infection cutanée sur tout le corps. Et depuis rien ne va malgré les soins que je reçois. Bien au contraire, je suis méconnaissable Endenda. Je ne pourrais plus enfiler un maillot de bain, surtout les deux pièces que tu m'avais offertes à l'occasion de mon seizième anniversaire. Comme j'ai honte...

Ensuite, il y a quelques jours j'ai eu une diarrhée aiguë. Le problème c'est qu'elle a persisté des jours durant. Je me demande si ce ne sont pas les décoctions que j'ingurgite chaque jour.

Enfin, pour terminer cette série noire, sache que j'ai toujours ce palu pour lequel nous sommes allées voir le docteur Gentil, ton ami, avant que mon oncle ne décide de me conduire chez ce nganga. Aucune semaine ne se passe sans que je sois secouée par ce mal. Je crois maintenant comprendre le sens du message prophétique d'Ibessi sur le chèque trouvé chez lui, lors de sa tragique disparition.

Explique tout ce qui précède au docteur Gentil, peut-être qu'il me trouvera un remède contre la diarrhée et contre l'éruption cutanée.

Demande également si c'est possible d'avoir les médicaments, qu'il m'avait donnés la dernière fois. J'étais beaucoup soulagée.

Si tu as l'occasion de venir me voir, comme me l'a expliqué Ontémou lors de sa dernière visite, tache de m »acheter les deux derniers numéros d'Akassi le magazine de la femme gabonaise. N'oublie pas la Griffe de la semaine pour l'actualité politique. Enfin, prend moi l'Union pour les petites annonces et l'horoscope. Ainsi, je tuerai le temps en lisant la presse. Figure-toi que je n'ai que les Évangiles à lire... Des histoires à te remplir d'espoir surtout dans ma situation. Mais ce Jésus et ses histoires de miracles sont trop éloignés de moi... Ah si j'étais cette femme qui perdait du sang...*

Tu comprends que la vie ici n'est pas rose. Le « mooving » de la ville me manque. Cependant la calme du village je crois, m'aidera beaucoup à me restaurer.

J'espère toujours.
Salutations amicales

Ngondo de Repos-ville

Mais la famille de son côté, se demandait qu'est ce Ngondo a pu faire pour mériter une telle condamnation ? Elle désespérait à la vue de son état. Cet état par ailleurs renforçait la conviction que c'était bien sa tante qui la « mangeait ». Maudite à longueur des journées, elle était devenue la préoccupation essentielle de tous au détriment même de Ngondo. Celle-ci était fort heureusement soutenue dans cette dure épreuve par ses amies qui lui rendaient visite assez fréquemment.

En effet, après avoir reçu la missive émouvante de Ngondo, Endenda programma une visite chez son amie. Elle prit soin d'acheter les journaux demandés par sa correspondante, des vivres car elle pensait qu'une malade qui ne se nourrit pas bien voit sa santé se dégrader rapidement.

C'était toujours avec douleur qu'Endenda retrouvait Ngondo dans ce bled. L'état de santé de son amie laissait à désirer. Parfois, elle ne trouvait pas des mots, et ne savait pas par où commencer la conversation.

Mais cette fois-ci, bien qu'elle imaginait la réponse, elle demanda à Ngondo :

« Comment vas-tu ? Et le traitement colle –t-il vraiment ?

« Comme tu vois, je ne sens aucune amélioration, bien au contraire. Je me demande s'il ne faut pas trouver un autre *nganga* comme me l'a proposé Ontémou lors de sa dernière visite le week-end dernier. »

Endenda avait en face d'elle, la confirmation de ce qu'elle avait lu dans la lettre de Ngondo il y a quelques jours. Comme pour changer de sujet et oublier l'état de santé de Ngondo, Endenda prit de son sac, une grande enveloppe kaki qui contenait des journaux, des médicaments obtenus avec les conseils du docteur Gentil. D'une glaciaire visiblement lourde, Endenda sortit des vivres frais : fromage, filet de poisson, quelques fruits et légumes... Cette générosité d'Endenda permit à Ngondo de reprendre du souffle et lui permit de continuer la conversation.

« Ah, merci pour la nourriture. Tu sais bien qu'ici au village, il est impossible trouver des vivres frais. Souvent les menus proposés t'enlèvent toute envie de manger. C'est la misère généralisée dans nos villages. »

Endenda était heureuse d'entendre Ngondo parler ainsi. Pour elle, c'était synonyme d'appétit retrouvé. Mais elle se demandait au fond d'elle si les *nganga* avaient la possibilité réelle de redonner à Ngondo sa vigueur.

L'heure de rentrer à Libre-vivre arriva. Endenda, les larmes aux yeux, prit congé de sa sœur. Celle-ci lui demanda d'aller remercier le docteur Gentil pour son amabilité.

Le temps s'écoula encore et toujours mais rien n'allait vraiment comme le disait d'ailleurs Ngondo dans sa lettre.

Pendant ce temps le *nganga*, pour voiler son incapacité passait son temps à dire que les sorciers étaient allés trop loin.... Jusqu'au jour où Ngondo rendit l'âme.

La nouvelle se rependit dans tous les milieux où Ngondo était connue. Un communiqué publié plusieurs fois par la radio nationale annonçait la triste nouvelle, sur toute l'étendue du territoire national et même au-delà. Ce fut la consternation générale à Repos-Ville. A Libre-Vivre, la communauté de Repos-Ville était abattue... et Endenda littéralement désemparée.

« Ca ne peut être vrai, » s'efforçait-elle de se convaincre. Mais l'état dans lequel elle avait vu Ngondo la dernière fois venait briser son doute. Alors plusieurs questions envahissaient son esprit : pourquoi la vieille Dja-Ngane* aurait elle fait cela ? Est-ce que l'histoire du nganga est vraie ? Quelle maladie a eu raison de Ngondo ? Et si c'était moi qui mourrait à la place de Ngondo ? Pendant qu'elle pensait à toutes ses questions, elle eut l'idée de repartir voir le docteur Gentil à sa clinique afin de récupérer les résultats des examens fait par Ngondo, juste avant d'aller au village sous la contrainte de son oncle.

Endenda trouvait gênant d'annoncer partout cette version des faits qui voulait que la mort de Ngondo trouve son origine dans des considérations irrationnelles. Elle se disait qu'au moins avec les résultats de l'hôpital, elle aurait une explication cartésienne à donner aux nombreuses connaissances qu'elles fréquentaient ensemble. « J'irai donc après les funérailles voir le docteur Gentil » se dit-elle.

Ewélè avait lu dans le journal le triste communiqué qu'a accompagnait une belle photo de Ngondo. Endenda avait pris soin de choisir la photo qui révélait toute la beauté de Ngondo. Par ailleurs, le programme des funérailles était annexé au macabre communiqué.

Le lendemain, Ewélè se rendit à la maison mortuaire où il fit de façon inopinée, la connaissance d'Endenda. En effet, pendant que celle-ci se proposait de prendre un taxi pour aller faire des courses qu'occasionne un tel évènement, Ewélè embarqua Endenda qu'elle ne connaissait pas auparavant. Dans la voiture l'atmosphère était lourde. Le jeune homme brisa la glace en disant :

« C'était hier, en me rendant au siège de notre association, que j'ai lu dans le journal, l'annonce de la mort de Ngondo. J'avais sa connaissance dans le car de la CNTML qui nous ramenait de Repos-Ville ».

« Es-tu de Repos-Ville ? »

« Pas exactement, mais de la région. »

« Et quelle est votre association ? »

« C'est l'association Shita* qui fait de la lutte contre le VIH Sida et les autres IST, son combat. Son siège est au 123 boulevard Nyonda Makita, dans le premier arrondissement. Mais au fait, de quoi est morte Ngondo ?»

« Ah mon frère, répondit Endenda. Je ne sais pas, je ne peux rien dire. Honnêtement je me pose la même question tant que les maladies ont été nombreuses durant ses derniers jours. On parle même de sorcellerie. »

Tu sais, je l'avais perdu de vue, mais sa photo dans le journal a attiré mon attention. Je t'assure, j'étais littéralement assommé. » Confia-t-il.

Ils continuèrent à se plaindre de la fragilité de la vie. Ewélè reconnut que l'homme n'est pas maitre de son souffle pour le retenir, et il n'a aucune puissance sur le jour de sa mort. Comme pour mettre un terme à ces douloureuses jérémiades, Endenda conclut que c'était là sans doute le destin non éclos de Ngondo.

Ewélè se révéla une aide précieuse pour la famille pendant ces moments difficiles.

Endenda vécut la période des funérailles comme si elle vivait une éternité, tant le désir d'avoir des réponses à ses interrogations était pressant. Puis vint ce jour, où elle se rendit chez le docteur Gentil. La vérité éclata comme une bombe.

L'accueil toujours au rendez-vous, le docteur Gentil lui présenta ses condoléances les plus attristées, tout en lui assurant de son soutien moral, avant de laisser la parole à son hôte.

En larmes, Endenda dévoila l'objet de sa visite.

« Docteur, tu sais tout ce que l'on raconte dans toute la ville au sujet de la maladie et de la mort de Ngondo ».

C'était peut-être son destin. Mais je voudrais quand même savoir de quoi est morte exactement Ngondo : amaigrissement, diarrhée, éruption cutanée… autant des maladies qui ont attaqué ma sœur les derniers jours de sa vie. J'espère que les examens ont *parlé*.

« Justement, j'ai sous la main le dossier médical de la défunte Ngondo. Bien qu'elle soit décédée, je me demande si je dois vous donner les résultats à une autre personne, même à la famille. »

Mais docteur, ce qui est sûr, c'est qu'elle ne sera plus là pour revendiquer le droit au secret médical. A quoi bon me cacher les résultats à moi qui suis sa sœur ? En plus la famille se déchire, les uns accusant les autres d'être à l'origine de la mort de Ngondo. Peut-être que la science tranchera et rétablira la vérité ? »

« Tout ça je comprends mais, mais… Bon saches que je le fais à cause de toi. C'est une exception. » Et malgré lui, manifestement embarrassé, il présenta à Endenda le triste sort qui a frappé Ngondo.

« Ta sœur était porteuse du VIH, l'espèce de microbe qui attaque notre système humanitaire. Ce virus se contracte souvent quand on a des rapports sexuels sans préservatif. Sans soins, Ngondo a fini par développer la maladie du Sida. Les maladies auxquelles tu as fait allusion, sont dites opportunistes. Elles apparaissent lorsque le corps ne peut plus se défendre contre les microbes, les virus, etc. alors, elles apparaissent les unes après les autres ou même en même temps. »

Endenda resta pensive, sans rien dire. Elle se demandait qui a bien contaminé Ngondo. Est-ce Ibessi ? Ou bien quelqu'un d'autre, des passe-temps occasionnels ?

Endenda n'aura jamais de réponses à toutes ses questions. Alors le docteur Gentil reprenant la parole dit.

« Le sida est une maladie mortelle, c'est l'ultime phase du développement du virus dans l'organisme humain. Tous ceux qui sont atteints doivent se mettre sous traitement rapidement. Il n'existe pas encore des médicaments pour guérir du Sida. Il n'existe pas encore de vaccin pour se protéger du virus, le VIH. C'est une maladie contagieuse surtout. »

« Que faire donc docteur pour ne pas avoir le VIH ? » demanda Endenda.

« Ne pas faire l'amour, car nombreuses sont les personnes qui ont attrapé le VIH en faisant l'amour »

« Mais docteur vous êtes sérieux quand vous dites ça ? C'est le moteur de la vie … »

« Écoute, on peut s'abstenir si l'on n'est pas marié, ou bien, si on est éloigné de son partenaire pour de raisons de voyage par exemple. C'est l'abstinence. »

Endenda ricana sans prendre au sérieux cette consigne du docteur Gentil. Ce dernier continua.

« Les partenaires doivent être réciproquement fidèles. Donc ils ne doivent pas avoir des relations sexuelles en dehors de leur époux ou de leur épouse. Ceux qui vagabondent sont très imprudents. Ils doivent néanmoins adopter le condom comme un autre partenaire chaque fois qu'ils ont une relation occasionnelle.»

« Chaque fois, ça c'est bien une corvée docteur ! » répliqua Endenda.

« La vie en dépend Madame. Il enchaina, si l'on doit recevoir une injection, l'aiguille doit être neuve, c'est-à-dire n'avoir jamais été utilisée. Il faut stériliser les objets tranchants et coupants souillés pour tuer les éventuels virus. »

« Stériliser comment ? » demanda Endenda.

« En trempant dans l'eau bouillante les objets souillés, ou encore utiliser certains produits disponibles dans le marché comme l'eau de javel à 70°... N'oublie pas que le VIH est une Infection transmissible sexuellement. Tout le monde peut l'attraper ou la transmettre : Les riches comme les pauvres, les gens de la ville ou les ruraux, les femmes comme les hommes, les jeunes comme les adultes tout le monde est concerné.» le docteur continua à attirer l'attention de la jeune femme.

« Si on ne se protège pas en grande partie de la population une grande partie de la population notre région va mourir du Sida. Il faut donc être prudente » conseilla-t-il.

« Merci pour tout, docteur. »

Endenda sortie de la clinique *Sauve qui peut*, consciente de la gravité de la situation dans le pays. Elle résolut de changer de paradigmes dans le domaine sexuel et même décida d'intégrer l'association Shita, dont Ewélè lui avait parlé lors de leur rencontre. Elle espérait ainsi se sauver elle-même et sauver les autres de cette pandémie de ce siècle finissant.

IV. CHANGER DE PARADIGMES

Des semaines s'écoulèrent à Libre-Vivre et Endenda par le biais d'Ewélè prit contact avec l'association Shita comme elle s'était promise, afin d'apporter sa pierre à construction d'une société sans Sida. Le défi valait la peine d'être relevé ?

« Oui, il faut le faire se dit-elle.»

Dans sa stratégie, elle axa son combat sur deux fronts. D'abord sur l'information liée à la maladie. Elle jugeait essentiel de combattre l'ignorance source de malheur des peuples. Elle aimait citer le passage des Écritures que le Père XX aimait : *mon peuple périt faute de connaissance*. En effet, on doit parler de la transmission du VIH, des moyens à utiliser pour l'éviter, etc. Ensuite, elle soutenait qu'il faut mettre l'accent sur les attitudes à avoir vis-à-vis des personnes vivant avec le VIH et les comportements à développer par les PVVIH elles-mêmes. Ce dernier champ de bataille pourtant oublié le plus souvent, lui semblait tout aussi important que le premier. Il était inadmissible que les malades soient abandonnés à leur triste sort et rejetés par les parents et la société toute entière. Plusieurs personnes pensent que les PVVIH méritent leur triste sort. La mort de Ngondo avait agi comme un détonateur dans sa vie.

Pour les responsables de Shita, c'était une nouvelle vision dont il fallait tenir compte désormais dans leurs activités. La première sortie de Shita avec Endenda comme membre de l'association était programmée. Le meeting était prévu pour l'après-midi du deuxième samedi du mois d'août, à l'approche de la fête de l'indépendance. Des affiches où l'on pouvait lire *comment vivre avec les PVVIH*, ou encore *PVVIH vous êtes des nôtres, nous sommes ensembles* furent placardées partout dans la ville. Elles indiquaient l'heure et le lieu de la rencontre. Cet après-midi-là la gare routière fut remplie de monde.

Le thème était attrayant, car des idées erronées circulaient partout à propos des relations avec les personnes porteuses du VIH. Chacun voulait voir clair et avoir le cœur net.

Le président l'association prit la parole le premier. Il harangua la foule. Il discourut sur les modes de transmission du virus. Il aborda ce qu'il ne fallait pas faire pour éviter la maladie...Une chorale lui succéda et chanta sur le thème du Sida. Cette transition permit à Endenda de se préparer et la fin de la chanson elle monta sur l'estrade.

Pour commencer elle racla sa gorge et dit « je demande une minute de silence pour tous les morts du Sida. Elle aurait bien voulu dire *pour Ngondo morte récemment du Sida*. Mais la version officielle était autre. Et surtout, elle ne voulut pas trahir la mémoire de son amie. Elle se contenta de l'anonymat. Après quelques instants de silence elle reprit :

« Il est dommage de trouver des gens qui croient que le Sida est ce syndrome imaginaire pour décourager les amoureux. Je crois comprendre pourquoi ils pensent ainsi. C'est qu'ils n'ont pas encore eu un proche parent, un ami ou même un voisin mort du Sida, ou plutôt si. Mais ils refusent la réalité, la vérité en face. Ils se voilent le visage avec les histoires de sorcellerie. Combien de morts n'ont pas été mis sur le dos des sorciers ? Le noir ne meurt pas seul, il y a toujours une explication irrationnelle, oui la mort est toujours provoquée par des forces maléfiques »

A ce proverbe bien connu de chez nous, la foule lâcha un brouhaha qui s'éleva dans le ciel avec un sentiment d'approbation et d'admiration à la fois, pour cette jeune fille qui s'appuyait sur sa culture.

« Mes sœurs et mes frères le Sida est une réalité, il est aussi réel comme la mort de ma sœur morte su Sida il y a quelques mois. »

En achevant cette phrase, elle réalisa qu'elle venait de briser la promesse qu'elle s'était faite de ne pas trahir Ngondo. Mais comment continuer à jouer le jeu et refuser de voir la réalité en face. Elle ne voulut plus tomber dans le même piège que plusieurs. Elle continua donc son un discours.

« Je pense qu'à ce niveau il n'y a pas match ? Le match doit être ailleurs. Que feriez-vous si votre fille ou votre fils qui vient de réussir au baccalauréat vous annonçait à la suite des examens médicaux relatifs à son voyage à l'étranger ont révélé sa séropositivité, l'abandonneriez-vous? Jamais ! Voyez-vous, les PVVIH ont besoins de notre soutien et de notre aide. Chacun de nous peut et doit participer à la lutte commune contre le VIH Sida. Vous pouvez faire un don quelconque aux organisations qui luttent contre le VIH, soit en soutenant financièrement ou matériellement les PVVIH qui sont dans le besoin.

« N'attendez pas de faire quelque chose seulement le jour de leur mort comme c'est la coutume de quelques-uns. Certains apportent des casiers de bières, d'autres achètent des couronnes, ou encore d'autres choses. Soyons d'accord, les morts ne mangent ni ne boivent, n'ont ni chaud, ni froid. Pour qu'on les couvre. Vous faites toutes ces choses pour votre orgueil, votre image. Quel égoïsme ! » Ajouta –t-elle.

Une salve d'applaudissements interrompit Endenda qui saisit cet arrêt pour prendre une gorgée d'eau avant de poursuivre.

« N'attendez donc pas qu'un parent soit atteint du VIH pour le sensibiliser. Il sera trop tard. Joignez-vous à nous pour mener le combat contre le VIH. C'est le meilleur moyen pour que les vôtres soient épargnés. Joignez-vous donc à nous pour continuer le combat contre le virus. Si notre invitation vous intéresse, retrouvez nous au 123 boulevard Nyonda Makita, la semaine prochaine. Je vous remercie. » Conclue-t-elle.

La chorale revint sur l'estrade pour l'animation. L'assistance était sensibilisée sur tous les aspects possibles sur le virus.

La semaine suivante au siège de l'Association, le uns et les autres se félicitaient d'avoir fait tabac le week-end dernier. L'objet de la rencontre était de programmer une autre activité pour les prochains jours. Endenda posa aux membres de Shita, engagés avant elle dans la lutte contre le VIH Sida la question suivante :

« Combien de personnes malades connaissez-vous ? »

« Une cinquantaine, répondit la responsable des relations avec les PVVIH. Nous avons l'habitude de les suivre chez eux et à l'hôpital pour certains.»

« J'ai une idée, nous allons constituer un club pour la Vie, dans lequel les PVVIH engagés constitueront une branche de Shita. Leurs témoignages vivants serviront nécessaires pour convaincre les incrédules qui viennent dans nos meetings. Ils comprendront que la vie ne s'arrête pas dès que l'on découvre sa séropositivité. N'est-ce pas, on a vu à la télévision des gens venus d'ailleurs apparemment bien portants bien que porteurs du virus depuis plusieurs années ?

« Comment les convaincre ? » interrogea Mapaga,* un membre influent du groupe.

« Nous allons les… » Endenda hésita un instant. Ne répondant pas à la question elle poursuivit.

« Nous devons le faire. Si les populations en bonne santé à priori, sont les seules qui sensibilisent, nous risquons de ne pas nous faire entendre. Si nous leur apportons notre tendresse, notre amour les PVVIH collaboreront.» renchérit Endenda.

« Oui, c'est-à-dire que nous devons les aider à s'aider eux-mêmes à vivre, à maintenir leur moral au top. Qui préserve le moral a une tour forte et gagnera la bataille pour la vie contre le VIH, » argumenta la jeune femme.

Mapaga interrogea à nouveau :

« Comment le moral peut-il être leur dernière forteresse, il y a quand même la trithérapie et la science avance dans tout le monde entier»

« Certes toutes ces choses existent. Mais ne voyez-vous pas que l'accès aux médicaments consacre encore une injustice flagrante entre le Nord et le Sud ? Il n'y a pas d'égalité des chances entre différentes du monde devant la maladie, surtout le Sida. Il vaut mieux compter avec ce que nous avons à notre portée. » Répliqua Endenda.

Ewélè avait suivi avec intérêt ce débat entre Endenda et Mapaga, prit la parole pour émousser les positions d'Endenda.

« Bien entendu le sud est pauvre mais… quelle est la part des budgets nationaux consacré à la santé en général et à la lutte contre le VIH Sida - entre parenthèses prévention et soins - en particulier ? Voyez-vous, je pense qu'on devrait rendre gratuits et même obligatoires les tests de dépistage. Et pour cela, il faudrait construire partout des structures appropriées, pour réduire la distance et les coûts de ses opérations en faveur des citoyens. La santé n'a pas de prix. Aujourd'hui encore, il y a des nombreux *condamnés* qui ne savent pas leur statut. Ces gens continuent à propager le virus… c'est quelle solidarité ça ? »

« Mais que ces gens se protègent. C'est le sens de notre combat. Et puis nous on ne fait pas de la politique ici tu le sais bien » dit Mapaga.

« Parler de santé des populations, c'est parler de la politique, reconnut Endenda. Mais qu'est ce nous pouvons faire pour changer la position des gouvernants sur la question ? »

« Beaucoup de choses. Les jeunes sont exposés à la pandémie et vous savez qu'ils sont le Gabon de demain. Sur ce point, on peut demander l'introduction et la généralisation des questions relatives l'éducation à la santé, dans les programmes scolaires et le renforcement de l'éducation des masses par tous les moyens. Qu'est-ce que ça coûte au budget de l'État une ou deux heures d'antenne consacrées aux questions discutées ici ? Presque rien, au lieu de nous montrer les groupes folkloriques et autres films violents… »

Le très démocratique leader du groupe, pour calmer la tension prit la parole et dit :

« Je vois qu'on a beaucoup de choses à dire quand on est libre de parler. Cela nous enrichit mutuellement. Cependant, n'oublions pas l'essentiel. Récapitulons donc :

Nous devons encourager les PVVIH à garder le moral et vivre « normalement » en suivant les conseils des médecins traitant ;

Faire un plaidoyer auprès des décideurs et leaders d'opinion pour que la lutte contre la VIH et le SIDA soit une priorité à la radio, à la télévision, à l'école, dans les lieux de cultes. L'éducation et l'information sexuelles devraient s'adresser à tous et en particulier aux jeunes et adolescents. L'information et l'éducation devraient promouvoir les comportements sexuels responsables, y compris l'abstinence. Il faut notamment sensibiliser le public et mettre l'accent sur la modification des comportements. Il vaut mieux prévenir que guérir. Et la prévention ne coute pas aussi chère…

Avoir une attitude positive vis-à - vis des PVVIH ;

La communauté nationale est invitée à mobiliser les moyens humains et financiers pour freiner la progression du VIH.

Comme vous le voyez, il y a des choses que nous avons à faire en tant qu'association Shita et en tant qu'individus. Mais il y a celles qui ne dépendent pas de nous. Il faut compter avec la volonté politique.

Nous ne faisons pas la politique. Mais devant le Sida, il n'y a ni majorité présidentielle, ni opposition radicale. La combat est le même pour tous.

Alors tous unis dans la concorde, contre le VIH et le Sida. L'union fait la force dit-on chez nous. Voilà les vrais accords pour la vie.

Noms	Origines	Sens
Ngondo	Obamba/téké	La belle
Miang	Fang	L'argent
Ewélè	Kota	Le téméraire
Samba	Diverses	Bienvenue/ bonne arrivée
Foumbi	Isangu/Punu	Le mort
Andza	Obamba/téké	L'eau
Mangolu	Punu	La force
Misamu	Punu	Les nouvelles
Endenda	Fang	Femme facile
Ontémou	Myené/Kota	La naïve
Ibinda	Punu	La malchance
Bingoulou	Eschira	Mauvaises manières / Mesquineries
Ibessi	Kota	Le sadique
Nganga	Diverses	Le charlatan /guérisseur
Akassi	Obamba	Les femmes
Shita	Nzebi	L'espoir
Mapaga	Punu	Les doutes
Ndja- ngana	Punu	Non concerné / innocent

Printed by Books on Demand GmbH, Norderstedt / Germany